Rubén Darío Callejas

El teatro de las almas al sol

Rubén Darío Callejas

El teatro de las almas al sol

No hay teatro sin poesía ni almas sin sol

JustFiction Edition

Imprint
Any brand names and product names mentioned in this book are subject to trademark, brand or patent protection and are trademarks or registered trademarks of their respective holders. The use of brand names, product names, common names, trade names, product descriptions etc. even without a particular marking in this work is in no way to be construed to mean that such names may be regarded as unrestricted in respect of trademark and brand protection legislation and could thus be used by anyone.

Cover image: www.ingimage.com

Publisher:
JustFiction! Edition
is a trademark of
International Book Market Service Ltd., member of OmniScriptum Publishing Group
17 Meldrum Street, Beau Bassin 71504, Mauritius

Printed at: see last page
ISBN: 978-613-9-42527-3

El teatro de las almas al sol

(No hay teatro sin poesía ni almas sin sol)

A modo de advertencia:

Venga, ya es un primer paso, usted se decidió a leer un libro de poesía, personalidad osada la suya, no le prometo que después que termine de leer, usted va a ser mejor persona, más instruida, más elocuente, más alegre, más... (con que no le arruine su formación, la casa se conforma) no le prometo tampoco revelarle verdades absolutas, ni pequeñas verdades, ni verdades de entre casa, nada, este libro no revela nada, no pretende otra cosa que hacerle un rato de compañía, a la noche, en el colectivo, a la tarde, a media mañana, en el recreo, al fin y al cabo uno lee cuando tiene ganas y cuando puede principalmente, no le prometo la felicidad tampoco, uno no encuentra la felicidad en un libro, si estuviéramos hablando de un gol, de la vecina de enfrente tomando sol o del vecino de enfrente tomando sol, se lo acepto, pero no en un libro, no, la felicidad es otra cosa, básicamente éste es un libro que no pretende mucho, no pretende, casi estoy tentado a decirle que no lo lea, pero no, eso no se lo voy a decir por que lo estaría conminando a vivir en una duda crucial toda su vida, imagínese usted dentro de veinte años sentado/a, bajo la parra y que en su memoria se dispare el recuerdo de estas palabras y usted caiga en la cuenta de que, por culpa mía, no leyó el libro, no, no podría dormir tranquilo nunca más, imagínese entonces, ante semejante catástrofe emocional que le produciría esto, no, en serio, le recomiendo que lo lea, ahora, una vez finalizada la lectura, usted puede guardar el libro, regalárselo a alguien, tenerlo en la mesita de luz para pegarle en la cabeza a su pareja, incluso hasta releerlo, mire lo que le digo, pero eso sí, como diría Girondo "... y en esto soy irreductible, no le perdono bajo ningún pretexto...", que lo ponga bajo la pata de la mesa para estabilizarla ¿estamos de acuerdo? Siendo así, sin más prolegómenos, los dejo en compañía nada más y nada menos, que del libro.

R.D.C.

Índice

Las bestias

Las bestias gritan, se amontonan, dicen no
las bestias andan con el culo al aire
las bestias afilan sus palabras y las hacen negras,
tenebrosas
las bestias prenden fuego con lo que tienen y con las ideas
las bestias rompen todo, hasta un corazón
las bestias se escupen el rostro y se arrancan las
vergüenzas del pecho
las bestias saben hasta como te llamás
las bestias huelen a mentiras agrias
a razones para abandonar
las bestias se visten de bestias y zapatean y lloran
las bestias, a pesar de todo, también lloran
a las bestias le duele la desesperación, intentan escapar,
tienen las venas llenas de odio
las bestias ya no aguantan más
se hacen ahora en la mirada
se retuercen, se inquietan.
Las bestias cual malón, rajan mi piel
y en explosiva beligerancia
rompen mi cuerpo y salen de él.

Acto I

(La poesía huele a sexo de mujer)

I

Atolondrados

tus amores respiran

y vos sos aire.

Humillación

Se ladeaba la humillación sobre el borde de la taza.
El penúltimo grito apresuró la caída
y el llanto de la niña bebió el café.

a Alejandra Pizarnik

El cansancio arriba,
apretándonos la vida y la noche
más arriba, el diminuto no querer
a cada palabra, un mundo
a cada quien, los nenúfares del estanque
las manos llenas de manos vacías
y un abrazo
los ojos que intentan olvidar y están de paro
ya no viven, no respiran ni la indómita luz
ya ni duermen, sólo se cierran a morir
un montón de aparejos hechos de labios
suben y bajan chirriando las palabras
privándolas de alma
desnudándole el silencio
más arriba, todo está más arriba
la niña canta y canta y canta y canta
a cada mundo, una palabra
a cada historia, huellas estremecidas
a cada beso tuyo, el olvido
y arriba del cansancio, más cansancio
ávido de hombros y de rituales
silente cementerio de intenciones
es humo lleno de opio
y el cansancio se llena de verbos en tu cuerpo
verbos y más verbos
hasta hacerse sueño o pesadilla.

Tu nombre

Toda una historia rejuntando pedacitos de tu nombre
haciendo bolsillos de tanto guardar
llamándote por orden alfabético,
por edades, por llamaradas dadas al atardecer
toda una historia acorralando las iniciales
queriéndolas un día con locura
al otro día sin la locura de ayer
y una noche de esas llorándole en la mitad de la calle
toda una historia creyéndote lábil cuerpo desnudo de tardes
argumentando fragilidades de azul y tiempos
toda mi plegaria de noches de alcohol hamacándote en mi boca
pronunciando tu alma en un brindis
y derramándote sobre mis piernas
llena de miel y sueños en flor,
toda mi vida hecha tu vida
toda mi muerte con los ojos cerrados de vos.

Manchada de vos

La humedad confiesa la pared
la crea y es tu rostro
un sueño ígneo
donde juego a ser la llama
donde juego a ser yo
donde me habito

la humedad confiesa la pared
y redime la mancha en vos.

Pasó adelante del polvo que levantaban sus sandalias
llegaba solo a ella, sin nada, sin nadie
llegaba después del después
llegaba convencido por la nada
con la enjundia propia del no saber
con las manos desnudas de milagros
con el cuerpo temblando agarrado a su piel
llegaba con su alma en una lágrima
llegaba de ilusiones abiertas y de sueños también
se prometió ser el final de su final
y la glorieta que cubriera su lluvia
se prometió abrazarla cuando tuviera miedo
y no tener miedo en el abrazo
nadie le iluminó el camino a sus ojos
ni le dibujó un mapa de sus labios
pero ahí estaba ella,
con la vida en los pechos y de brazos abiertos.

Me duelen las manos de llorar pecados,
me duelen los ojos en los clavos de tu piel,
me dolés vos en el pasado,
me duelen las valijas vacías de recuerdos,
me duele tener que recordar un futuro por la incertidumbre del viaje,
me duele la sangre de tu herida,
me duele tu herida,
me duele la sombra de la duda en tu cuerpo,
me duele tu manera de soñar arropada en mis venas y mi vida
me duele no poder hacerle frente,
me duele ver como el camino se dibuja en otros pies
aunque la mentira sea la que embandera la huida,
me duelen los horizontes a los que me abrazo
los dibujos de tus alegrías me duelen,
me duele el tango en tus últimos desnudos,
me duelen las pasiones de todos tus vía crucis,
me volvés a doler en el pasado,
me duele el olor que tiene la muerte
y los muertos
y los vivos que no saben que van a hacer ni de sus vidas
ni de sus muertes,
me dolés y ya no pienso,
me dolés y siento que muero,
me dolés y me tiembla el cuerpo,
me dolés y...

Esa mujer no para de llover
llueve los días pares y los impares,
a la mañana a veces
en trémulas noches es hiriente aguacero
llueve camino a casa, en tu alma y en los cementerios
nació llena de lluvia
amamantada de lluvia y miel
esa mujer te llueve
te desabriga de melancolía
esa mujer es tanto la piedad soñándose vida en la semilla
como la risa socarrona del que ve correr,
se mete abajo de los paraguas y llueve
no es mala, pero llueve que te llueve
nació para llover
lava las culpas, los techos del invierno y las veredas
se desnuda en agua para cubrir el sol
y te hace el amor cayendo suavemente en tu cuerpo
esa mujer es tempestad sombría
espasmo y trueno en la madrugada
esa mujer pese a todo
me cuentan que rendida en un beso,
ayer dejó salir el sol.

Nocturnos
recorren tu alma,
te hacés agua en el cántaro de la melodía
te hacés agua en mi sed
y vuelve el compás a desnudarte,
sin darte cuenta que la eternidad
descompone los fragmentos de tu cuerpo
y me los entrega a cada latido,
a cada "in crescendo"
a cada desnudez,
y a cada golpeteo del piano
nacen y mueren en mi alma y en tus labios.
Otra vez la cadencia acaricia, nos cierra los ojos,
nos disfraza de tenue velo,
de destino fatal
de destino final,
la vida no puede continuar después de tu pelo.
Entre cadencias nace el beso
que se arroga la virtud de ser eterno
y nos dice que llegó el momento
de intercambiarnos la piel y marchar para siempre
vestidos del otro.

La poesía

Una palabra entra en vos sacándose la ropa
y arrojándola por cualquier parte
irrefrenable
apasionadamente febril
desesperada
ansiosa
esa palabra que impetuosamente desnuda
te hace el amor
te besa los rincones
es verso y entrega
es sexo y temblor,
esa palabra que llega al orgasmo
hace de él la poesía.

La poesía no es otra cosa que el orgasmo de la palabra

Sangre,
han venido tus heridas a morir en mis piernas,
desesperan tus imágenes en los remates de la tarde,
tienen urgencia de vos las llagas de tu piel
y te acurrucás entre cielos y tibiezas.
Sangre,
tu soledad duele en los tajos de mi cuerpo,
es la sal que desparramada en tus desiertos
se hace sexo, deseo y sufrimiento
y me envuelvo en tu cuerpo y en tu voz.
Sangre,
pacto de sentidos y "susurros",
de tiempos atrás, de ciudades lejanas,
de ardor en el vientre y en el alma,
pacto sagrado, con un halo de eternidad que lo circunda
y lo llaman amor.

Tango

Amenazante punto de equilibrio entre tu alma y la mía.
Silencio pretencioso
donde tu piel se arquea en mi mente y
fantasea con ajuares bordados en la tibieza de la espera.
Compases con aromas de mujer
que conjuran presentes desconcertados
por la insolencia del bandoneón,
que se empeña en darle nombres a la eternidad
en donde nace cada noche inevitablemente
la ávida necesidad de tu cuerpo.

Me gusta mi versión de vos
y tu versión de mí,
pequeño encanto con sabor a miel y despedidas.
En tus labios las palabras se hacen mujer,
persigo quien soy en tu mirada
quien soy en tu relato pausado de mí,
no sé si me enamoro de tus maravillas
o me gusta lo que soy en vos,
me gustan mis palabras masturbándote
y me masturbo,
me gusta como se eriza mi piel cuando recorre tu piel
y te acaricio,
me gusta verte reír con mis chistes en las noches de lluvia
y no dejo de llover y lluevo cada vez más fuerte,
me gusta tu rabia en la mañana, desnuda y leyendo el diario
y adivino las noticias
y me desnudo, me perfumo a madera y me hago Cristo en tu cuello,
me gusta tu piel oliendo a mi piel
y los cigarros negros que solía fumar
y los milagros a las 5 de la tarde
y tus ojos leyendo este poema
y el beso que sé, que dentro de cuatro palabras me vas a dar.

Acto II

(La poesía huele a bronca)

II

Las manos rezan

Los milagros se duermen

La cruz sangra

Cuando el poder se hace obvio, la resistencia se vuelve carne.
La carne se torna palabra que hiere y reivindica.
El poder no lo soporta y la madera bebe la sangre que sale de los clavos.

Desaparecidos

Quieren gritar sus verdades y sueñan con revoluciones.
Embarrados de ausencia van a las manifestaciones sin cadenas,
se presentan a candidato a amanecer,
me hablan al oído y me cuentan sus amores,
no saben donde sentarse a llorar,
no tienen lugares donde ser olvido.
Me toman de la mano en esta tarde
y me escriben nombres en la espalda.
No ser ayer es su plegaria,
ponerle apellidos a los números.
Dibujados en la tarde buscan ansiosos
la memoria,
la tuya, la mía, la nuestra,
la de un pueblo que se estremece
en los corazones del pasado
y gime en cada instante de desolación.

El tren le grita por última vez a la estación,
zigzaguea en el horror y la noche es complaciente.
Estandartes de cenizas rubrican la infamia.
El tren ahora susurra ¿será vergüenza o terror?
Una boca besa el silencio apelmazado en los ojos de un niño,
un nuevo ciclo de luz se estrella en los durmientes
y junto con éste el final del viaje.
El cartel de bienvenida solo dice Auschwitz.

Amanece
golpea la masa la hoja de metal
y la fragua incandescente sueña con el mañana,
se enciende la pluma detrás de los muros
y escribe lo que un día será ley,
en el taller rumorea la pasión
y en los campos del "señor", los peones
se llenan la vista y el corazón de horizonte
y sueñan que eso que pisan será de ellos mañana,
en el mercado los hambres se sienten ajenos
como ajenos son los frutos que un día serán de todos,
en las oficinas el trabajo se pone corbata
y sueña que será ejecutiva la misión,
en las universidades se hace intelecto el futuro
que un día adoctrinó con cariño la maestra
y así como la religión promete el reino de los cielos
el trabajo promete el reino de la tierra
un reino sin rey, un reino de igualdad
un lugar de lucha y reivindicaciones
donde la larga noche llegará a su fin
y amanecerá la rabia contenida hecha revolución.

Mi ciudad

Mi ciudad les ladra a los perros
se peina en el odio de sus calles
mi ciudad ya no dice buen día
tengo miedo y la acaricio
la abrazo de río
mi ciudad sale antes que el sol
se revuelve en la basura
mi ciudad huele a gris
y raspa la pintura de los cielos en donde ayer fuimos amor
mi ciudad tiembla y quiero creer que de frío
mi ciudad abre la boca y la gente cae en ella
y los gritos retumban en las mañanas de sol
a mi ciudad le sangra el hoy
se llena de miradas que perdieron sus dueños
huérfanas de claridad
miradas turbias que manotean el ayer
cada uno anda en su ciudad y mi ciudad ya no existe
son millones de ciudades llenas de soledad
destilando la piel
mi ciudad ya no besa tu perfume
mi cuidad se murió
se murió el día de mi muerte.

La utopía tiene cuerpo de mujer
perfume de mujer
silencios de mujer,
la utopía me sueña y la sueño
la utopía es su lugarcito de vida
su relámpago en la noche
su pequeña isla,
la utopía me besa dentro del beso
me ahoga en las noches
cuando la araño en mis ganas de ella,
la utopía nos crece en el vientre
se duerme en los espíritus
y se abraza al calor del final del sueño,
la utopía canta revoluciones en la plaza
la utopía es mayo
la utopía vuelve a su nombre cada mañana
y acaricia mi pelo y sus ojos dormidos,
la utopía se agita en rojas pasiones
de sangre y metralla
la utopía es el vino de mi gente
la pasión que conjura el hambre
la utopía es la noche en tus manos
y en los orificios de tu amor
la utopía es la radio hablando de hoy
y de esta canción que llega desde el sueño
desde la imagen de tu voz
y ese corazón tuyo partido en mí.

La vecina me seduce en las tardes de paseo de gato
sí lo pasea, con tanta rabia lo pasea
lo pasea como si fuera perro, pero es gato
cualquiera de estos días aprende a ladrar
lo pasea como si saliera a pasear su tristeza
lo ata y la ata bien fuerte del cuello y
su tristeza se ahoga
y su gato también
y se adivina cierta melancolía en sus ojos
y ella lo sabe
y el gato también
yo no sé porqué mi vecina me seduce
y porqué pasea al gato
y porqué la melancolía suele adivinarse en los ojos de los otros
¿Será que de tanto ver, se termina prefiriendo el recuerdo?
aunque sea una porquería disfrazada de te quiero
¿Será que mañana a los gatos se les va a dar por pasear personas
y mi vecina ya no me seducirá?
o será que yo creo que me seduce y lo único que hace es pedirme auxilio
porque le aprieta la correa con la que la pasea su gato
y yo no veo en el pedido de auxilio mi propio pedido de auxilio.
Mi gato sé que no me pondrá la correa,
será que el gato de la vecina es un gato revolucionario
y mi gato es un pequeño burgués, que ni pasión por las gatas siente
que no se defendió cuando lo castraron
y que se contenta con su alimento diario, sus paseos, su calor en esas noches de perro
que trajo el invierno pasado
y la gente dice que ésta es una vida de perros, pero
parece que es de gatos nomás.
Estoy aburrido y no se que hacer,
dudo si salir a pasear a mi gato, hacer la revolución, o ponerme a escribir.

Ella viene y me cuenta.
Él viene y me cuenta y me mira.
Ellos vienen y me cuentan y me miran y me escuchan.
La vecina del cuarto me toca el timbre y me cuenta, y me mira y me escucha y sueña.

Los chicos que juegan en la vereda cuando sienten mis pasos vienen y me cuentan y me miran y me escuchan y sueñan y le toman la mano al sol para ir a jugar a la pelota.

El loco de la otra cuadra como todas las tardes viene y me cuenta y me mira y me escucha y sueña y le toma la mano al sol y se ríe de los payasos que visitan mi mente.

La revolución suena a lo lejos pero es un eco el que viene

y me cuenta y me mira y me escucha y sueña y le toma la mano al sol y se ríe de los payasos que visitan mi mente

y vive fulgurosa en los rostros de los caídos, de ella, de él, de ellos, de la vecina, de los chicos, del loco y de mí.

Me “caés”

Entregan los pedazos de Dios
los venden, los alquilan
desde las manos de mi alama
intento abrazar los heridos del cielo
los parias del todo juegan en su nada
la noche arremolina sus miedos en vos
y tu grito se hace eco en mis rodillas
me caigo, “me caés”
no me empujás, no me tocás, “me caés”
tu rabia se hace calle,
te explotan en mi cara y no hago nada
ya no hago nada,
me explotan en mi cara y tampoco hago nada
los gritos me duelen en los brazos
en la piernas, en el estómago,
un niño esta noche no comió
ni siquiera las sobras del mundo,
ni se desnudó de miserias
no comió,
los azules profundos se hacen vida a lo lejos
y una mujer pasa sonriendo por mi puerta,
los pedazos de Dios ya fueron rematados
ahora un compadre mío los negocia amablemente,
“me caen”
cuesta vidas mantenerme erguido
“me cayeron”,
ya soy piso.

A una madre desaparecida...

Vos me mirás desde allá
desde lugares llenos de odio
me mirás sin entender
me mirás sangre
me mirás tortura
me mirás llena de voces de otros
sabiendo detenido tu ser
tus edades, tus amores,
tus tiempos y tu tiempo
hasta tu última plegaria
se quedó para siempre en el aire,
como tu imagen siempre joven
como tus gritos, tus temblores
como ese pedacito de alma que me regalaste
en esa primera mirada emancipadora del horror
vos me mirás sin saber como mirar
sin entender por qué
si vos solo querías amar y vivir y seguir viviendo
vos me mirás estirando tus brazos
desde la nada a mí
desde todos los lugares donde yo te encuentro
desde ningún lugar
yo sé que vos me mirás.

Acto III

(La poesía huele a intimidad)

III

La flor se abre

al vuelo de tu viento

Y lo perfuma

Se abre mi pecho en tu lluvia
en tu canción de otoños y tibieza
en la desilusión de la espera
se abre en dolor y llanto
se abre y corren desesperados los adioses
desnudo y bajo la lluvia
indefenso y temblando de tiempo
borroneado de agua y luz
me abro
la vida carcome mis pies y los besa de barro
en total ayuno de movimientos
me pesa el odio, me hunde
cuatro noches rompen mi día
aturdido de cielo y mundo
me queman mis ojos ya lejanos
los cierro y cierro al negro la vida
y el aliento de los buitres quema en la piel
mientras la indiferencia se hace tango
y se va en las ruedas de un carro que llora un pedazo de pan.

El río de Heráclito

El candombe de las canoas hace el viento
el frío grita en un cielo vedado de sol
me abrazo de soledad
que murmuran las tardes del otoño nuestro
tiembla la melancolía llena de ciudad
y un río marrón y a lo lejos
se lleva todos los hombres que fui.

Descalzo
con los pies en cueros
desestimando las angustias del zapato
pisando el frío de los sepulcros de la tarde,
descalzo
y con las manos hacia el cielo
estiradas, bien estiradas
yo no se porqué tan lejos me dejó la vida el alma,
descalzo
y sucios los pies con la tierra colorada de tu sexo
polvareda de vida y calor
que sabe
que para caminar en vos no hay que ceñirse las sandalias,
descalzo
aliviado de cadenas
sintiendo el latir de la tierra bajo los uñas
y descubriendo el fuego a cada grito, a cada paso,
descalzo
adivinando el barro
la lluvia
la desnudez de la vida hiriendo los pies,
descalzo
me entrego a la vida
o a la muerte
desnudo de pies y alma.

Las flores

Flores tibias que hacen camino
flores que no saben que son flores
y que se huelen y odian los aromas a eternidad
flores que se ordenan en los días del final,

la vieja se miró en el rostro de la niña
la niña no quiso espejos y se echó a soñar,

flores amargas de malas jugadas
pequeños intervalos de eternidad
flores que adornan la avenida
y que se pudren en el arrabal,

hay de todo dijo la vieja
no supo la niña hacia donde mirar,

flores que de silvestres se llenan de pasado
flores que saben que su destino es llorar
flores que de tanta mano terminan siendo sangre
odiando la noche
y siendo hambre en la mesa del bar,

ya no la quiero dijo la vieja
se iluminó en cosquillas la niña al verlo llegar,

flores creciendo bajo la piel del día
en los sueños de una tarde tibia
bajo el llanto de una lluvia otoñal
flores que arden del otro lado de la puerta de calle
flores que no se animan ni a golpear,

flores que lloró esa noche la niña
despidiendo a la vieja en el beso final.

Ilusión

Descubrir, ser sorpresa
decirle al viento del duende y la flor
contarte un cuento que no es cuento
y masturbarte la sonrisa
inventar una mañana
cobijar a las mariposas del frío
y que vuelen en vos
descubrir, estallar en asombro
ponerle mayúsculas a los soles del día
repetir el mantra de tu nombre
y en cárnico ceremonial final
abrirte de piernas y de vida
y hacerte susurrando y en la tibieza
la verdadera ilusión.

La bocina de un tren
poderosa invitación a la huida
augurio del que espera
estridente melancolía retumbando allá en la otra cuadra
ama mis paredes, mi tiempo en agónicas liturgias
y hace a la noche parecerse más a la noche
allá en la otra cuadra en la estación, los gatos
y acá los pelos que dejó el tiempo
entre el allá y el acá la osamenta del adiós
huesos sin memoria, sin lágrimas
cadáveres de la nada
la bocina de un tren
hace que se estire la noche en el patio de mi casa
mientras lo cruza de una puerta a la otra
sin espiarme, sin desearme
sin parecerse a la soledad
la bocina de un tren se estrella en mi calle
y cruzando miles de vidas
desaparece donde el viento te nombró por última vez.

Menos mal que las paredes sostienen el cielo
y que un libro cabe en el alma
menos mal que están tus ojos mirando por la ventana
menos mal que el día abre a las seis de la mañana
y ensordecedores los pajaritos se desnudan de las ramas
menos mal que existen las preguntas
los milagros, las sorpresas y las persianas,
menos mal que no creo en nada
cuando tus labios rompen contra los malecones del alma
menos mal que las paredes lloran música
y los relámpagos me avisan de la tormenta
menos mal que agosto no se llevó nada
y el bar sigue siendo el bar
y "la María" viviendo en la otra cuadra
menos mal que todavía se juega a la pelota
y los perros le ladran a la noche
y ya no se escucha el ruido a botas,
menos mal que hoy es domingo y la cola es larga para morir.

Noche de verano

No veo
el tiempo no se ve
desfilan las antenas de mis caracoles
y el calor es pegajoso
es inútil hacerte pupilas
crearte
mirarte alunada y quieta
muriendo tus labios en tierra
sin alertas sonoras
la noche ya no grita más, no dice
solo los jadeos irritantes
de esos tres grillos haciendo el amor.

Me dijiste azul
le dijo sol
la llamó vida
se refugió en el amor
dicen que no
decimos y gritamos mares de yo
dice él
se confunde en destellos de vida
dice ella
la luna no dice
y dice no
todos hablan, dicen, resucitan del dolor
vivir en el diálogo que habla de muerte
y no morir, ni siquiera imaginan
no saben,
no sienten, ingrávidos de deseos
no vuelan por tu alma las mañanas de otoño
me dijiste señales
me miraste ayer
te escapaste de la gloria
y me besaste.

Despedida
sed de brazos abiertos, la incertidumbre de volver
letargo de dos y la eternidad en un suspiro
despedida
la desesperación de mis pupilas
y tus pupilas
amarre de un barco que no zarpa,
que no nada, que no quiere océanos de mañana
despedida
tu partida y mi partida, muerte de tarde y sin gritos,
siempre es despedirse
de vos, de mí, de los viejos trapos
de los pájaros en tu ventana
de tu ventana,
despedirme del calor de tus piernas
esta tarde y abajo del tren
de cada noche sujeta a tus sueños
y a las celadas de un tiempo que nunca será futuro,
despedida
se confunden las despedidas y ya no sé quien se despide de quien
es la despedida que nos edifica, nos construye
nos deja suspendidos allá
en el medio del recuerdo y con una pena llena de olvido.

A la hora de la siesta

Tu siesta
inmóvil, lejana, desnuda
con la lluvia atravesando el patio
y tu cuerpo
a tiempo, fresco, tornasolado
hacen de mi tarde
una rosca llena de dulce de leche
de satíricos cafés
de deseos reverdecidos a las cinco
una tarde con olor a raíces
y a noche
anoche me preguntaste
que tenían tus ojos
que un todo peregrino los reclama
y tienen eso
tus ojos tienen
la insolencia de hacer desaparecer el mundo
a la hora de la siesta.

Hoy me dijo
que, a parte de todo,
cocinaba
que las diagonales de la vida
que mañana puede ser un día de sol
hoy me dijo que cocinaba
que sus manos
que sus vidas
me dijo inclusive que ella cree que existe Dios
me contó de los abrazos
de como una piel cabe en dos almas
y que trabaja de ocho a dos
ella anda por ahí diciéndome cosas
que le tiemblan los ayeres en la punta de la nariz
que el amor es triste y tiene muchas alas
que un beso es un beso
aunque se te escape entre los dedos
y que de ríos están hechos los costados del adiós
ella sabe del decir
ella me cuenta con su piel,
con sus dedos, con un viejo dolor
pero hoy me dijo
que, a parte de todo,
cocinaba
¿puede haber algo más conmovedor?

Juan no miraba
Juan desgarraba el tiempo
el aire entre los otros
buscaba
se buscaba huérfano de ayer
del no saber
Juan crecía arriba de los árboles
en el cordón de la vereda
quería ser multitud
pero las almas no le daban
todas sus almas
Juan no se nombraba
no se decía
no podía llamarse
hasta el silencio de la "irrespuesta" le habían robado
Juan no miraba
Juan desesperaba las calles, las mujeres
las abuelas
buscaba atolondrado de ganas
en el medio del viento
ese que viene de allá
de algún recóndito atardecer
o de un pozo lúgubre y oscuro
la mirada de Juan increpaba
te manoteaba intemperante
llena de besar tu piel, tu historia, tu memoria
Juan no miraba
solamente buscaba.

El vino atravesaba la memoria del valle,
los yuyos del camino se afanaban en rasguños para
mis pies y tu alma.
El presente borracho por la idea de ser recuerdo
lloraba sobre el pecho de ese último atardecer,
el color noche, de a poco se entregaba a ser montes,
espinillos, lamentos de pájaros llenos de miedo,
miedo como el de tu cielo, enmudecido en tu boca
sonrisa forzada por la fugacidad de la broma.
El olor a despedida y a futuro
se llenaba de incertidumbre y abismo,
de quieto perfume a tierra,
de abrazos y bendiciones,
de besos cargados de tristeza.
Y poco a poco
la lejanía desparramándose en el vidrio de atrás del coche.

FIN

Printed by Books on Demand GmbH, Norderstedt / Germany